Dans la collection
CARNETS DE SAGESSE :

Collection dirigée par Marc de Smedt et Michel Piquemal
Maquette : Céline Julien
Illustration de couverture : Philippe Roux
© 2003, Albin Michel Jeunesse 22, rue Huyghens -75014 Paris
Dépôt légal : premier semestre 2003
N° d'édition : 12587
ISBN : 2 226 12999 5
Imprimé en France par Pollina S.A. 85400 Luçon - N° L 88334A

PAROLES DU DALAÏ-LAMA

Textes présentés
par Marc de Smedt

Photographies
de Matthieu Ricard

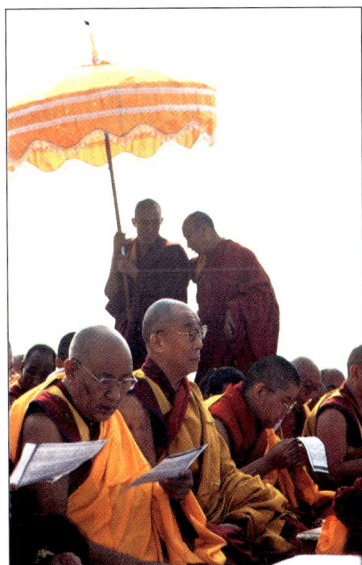

ALBIN MICHEL
CARNETS DE SAGESSE

à Laurence,

Sans Amour nous ne
pourrions pas survivre.

A déguster sans modération

Tendresse

Pierette

Sauzon, le 20/02/2003

Le Dalaï-Lama, quatorzième représentant d'une longue lignée de chefs spirituels et politiques du Tibet, restera un des êtres majeurs qui marquèrent notre temps, époque charnière de l'histoire qui, tout en passant d'un millénaire à l'autre, a vécu un véritable changement de civilisation et la fin de nombreuses utopies. Celle du progrès radieux réglant tous les problèmes à l'aide de la société de consommation, celle du communisme voulant faire de même avec une société totalitaire abêtie, celle de l'économie triomphante… pour ne parler que de ces trois-là.

Le Dalaï-Lama a été plongé très jeune dans ce drame que fut l'invasion de son pays par les troupes chinoises en 1950, et sa fuite dans un exil volontaire, en 1959, ouvrit la voie à une des plus formidables diasporas qui soit : celle des élites aristocratiques et monastiques du peuple tibétain qui, bravant montagnes et dangers, rejoignirent leur chef dans sa retraite de Dharamsala, en Inde, et s'essaimèrent ensuite dans le monde entier, créant partout des centres de méditation et des temples bouddhistes de diverses obédiences. En France, il en existe une dizaine, majeurs. Ils favorisèrent en cela un courant d'intérêt pour les philosophies, les rituels et les pratiques spirituelles de l'Orient qui avait déjà commencé au XXe siècle avec l'engouement pour les différentes formes de yoga indien, le zen japonais et le ch'an chinois ainsi que toutes les techniques gymnosophiques qui en découlent, telles que le hatha-yoga, le zazen, le taï-chi, le chi-kong et tous les arts martiaux traditionnels.

Mais ce pont entre des cultures si différentes aurait été beaucoup plus lent à construire sans l'influence de la personnalité du Dalaï-Lama : son sourire, sa gentillesse, sa réelle humilité, sa formidable érudition, son respect des autres religions, la clarté de son raisonnement et son bon sens paisible aidèrent tout autant à la diffusion de *son message à un niveau planétaire que ses voyages incessants et son prix Nobel de la paix reçu en 1989.*

Celui qui s'est toujours présenté comme un simple moine et qu'on appelle, à tort, le pape des bouddhistes – car il n'existe aucune instance de cet ordre et aucune hiérarchie entre les diverses branches du bouddhisme – a touché cœurs et esprits par des paroles qui vont toujours au fond des choses et s'attaquent à l'essentiel : comment créer la paix intérieure et résoudre nos propres conflits ? comment devenir ainsi altruiste et être capable d'aider l'humanité souffrante ? comment retrouver une sérénité active ? C'est pour cela que nous avons pensé vous donner un condensé de ses paroles faites pour méditer sur nous-mêmes et notre place dans le monde.

J'aimerais terminer par une anecdote personnelle : j'ai longuement rencontré le Dalaï-Lama, en 1986 à Digne, à la fondation Alexandra David Néel, lors du premier Festival du Tibet, où il dispensait un enseignement sur le chemin du bodhisattva[1]. Voici ce qu'il répondit à trois de mes questions :

« Voyez-vous l'émergence d'un nouveau courant spirituel ou une métamorphose des religions anciennes ?

– Je souhaiterais que les traditions anciennes se modernisent mais demeurent dans leur pluralité. La création d'une religion nouvelle où tout serait confondu aurait pour résultat de perdre la richesse intrinsèque à toutes les traditions particulières. Mais il est essentiel que ces traditions se transforment, car elles ne sont plus adaptées. Si on les laissait telles quelles, cela reviendrait à arriver dans un pays froid avec des vêtements de pays chaud. Il faut que l'essence de ces traditions demeure, mais que celles-ci sachent s'adapter aux nouvelles circonstances et environnements.

---

1. Voir sa retranscription dans *L'Enseignement du Dalaï-Lama*, aux éditions Albin Michel.

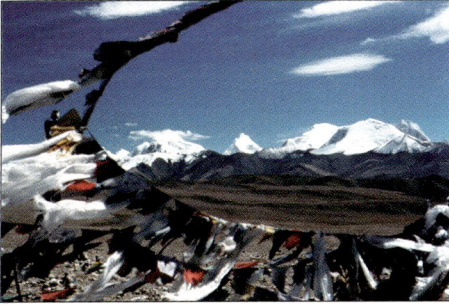

– *Voyez-vous de très grands motifs de crainte pour nos civilisations ou êtes-vous plutôt optimiste ?*

– *Du point de vue bouddhiste qui est le mien, je crois qu'il est important d'œuvrer le plus possible dans le sens positif. Quant à savoir ce qui se passera dans le futur, cela dépend du karma de l'humanité, et il nous faut déjà accepter tout ce qui va se passer. Mais il nous faut éviter d'être découragés, car nous devons sans cesse travailler pour l'achèvement d'une amélioration future. Il n'y a aucune raison d'avoir peur !*

– *Que pensez-vous de la phrase d'André Malraux qui disait en substance que le prochain siècle serait méta-physique ou ne serait pas ?*

– *Il m'est difficile de répondre à cette question car j'ignore le sens que Malraux donnait au mot métaphysique. Mon espoir est que la direction unilatérale dans laquelle nos sociétés continuent à se diriger change, que le progrès ne soit plus perçu comme uniquement matériel et que dis-paraisse "l'esprit d'exploitation". Car je crois que cette direction-là est à l'origine des phénomènes d'anxiété. J'espère que ces phénomènes de peur vont susciter une réaction et conduire l'être humain vers une ouverture spirituelle, vers "l'exploitation intérieure". Cela ne nie-rait pas le progrès technique, mais le contrebalancerait.* »

Marc de Smedt

Quelle que soit l'origine
du sentiment de solitude,
elle n'est pas sans rapport
avec le point de vue
qu'on a sur les choses.
Qu'on ait une croyance religieuse
ou non, la raison principale
de ce sentiment, c'est qu'il y a trop
peu d'amour dans notre esprit.
Quand on a trop peu d'amour
pour les autres,
c'est notre façon de voir les choses
qu'il faut incriminer. On pense
que les autres ne nous aiment pas
et c'est pour cela qu'on se sent seul.

Ceux qui ne pensent qu'à eux et négligent les autres se chérissent eux-mêmes au mépris du bonheur des autres, et cela, c'est l'origine du problème. Si, au contraire, on pense que le bien des autres est beaucoup plus vaste que son propre bien, on n'en trouvera que plus de courage au fond de soi.

Rendons-nous compte
que ce que nous appelons
« notre esprit » n'est pas
un simple bloc,
facile à délimiter.
Si la matière
et la substance sont infinies,
que dire de l'esprit
avec sa prodigieuse activité,
son flux de pensées ?

En tant qu'être humain, mon but fondamental est de toujours souligner l'importance de la compassion et de la bienveillance afin d'aider à bâtir une société meilleure et plus heureuse, un avenir plus lumineux. Je crois que ces sentiments profondément humains sont le facteur clef de développements positifs.

À cet égard, les enseignements bouddhistes sont en mesure d'apporter leur contribution à cette évolution. Naturellement, ça ne peut se faire que par un apprentissage mental, et non par la chirurgie ou par des piqûres. Un tel entraînement débouche sur des qualités comme la compassion, ou la bonté et la présence attentive.

La science et la technologie occidentales
ont énormément apporté à la société.
Néanmoins, à cause de cette
technologie hautement développée,
l'anxiété et la peur croissent d'autant.
J'ai toujours estimé que développement
mental et développement matériel
devaient bien s'équilibrer,
pour contribuer à rendre le monde
plus humain. Si nous perdons
nos valeurs essentielles et si les êtres
humains deviennent des rouages,
il sera impossible de se libérer
de la souffrance ou du plaisir.
Et, sans cela, il est très difficile
de distinguer entre le bien et le mal.
Souffrance et plaisir impliquent
naturellement la perception, l'esprit
et la conscience. C'est pourquoi
il est tellement important, pour la science
et le progrès matériel de l'Occident
comme pour le développement spirituel
de l'Orient, d'œuvrer ensemble.

Nous pouvons constater que bien des personnes, ayant une grande fortune et étant comblées par tout ce que le bien-être matériel peut apporter, sont dépressives, angoissées et malheureuses… Alors que d'autres, dont la vie pratique est tissée de divers ennuis, ont pourtant un esprit heureux, sont paisibles intérieurement et donnent l'impression d'une grande sérénité. Quelqu'un dont l'esprit est lucide, ouvert, équilibré, prévoira l'attitude qu'il aura en face d'inévitables difficultés et restera dans la paix même si de grands malheurs lui arrivent, tandis qu'un esprit borné et agité, inquiet et non réfléchi, sera tout de suite déconcerté et sans ressources devant le plus petit imprévu désagréable.

Regardons autour de nous.

Ce monde que l'on appelle « civilisé » et qui,
depuis plus de deux mille ans, a cherché à obtenir
le bonheur et à éviter la souffrance l'a fait par
de faux moyens : par la tromperie, la corruption,
la haine, l'abus de pouvoir et l'exploitation des
êtres. Il n'a cherché qu'un bonheur individuel
et matériel, en opposant les individus les uns
aux autres, les races les unes aux autres,
les systèmes sociaux les uns aux autres ; il a abouti
à une période de peur, de souffrance, de meurtre,
de famine. Si, en Inde, en Afrique et dans
d'autres pays, la misère et la famine peuvent
régner, ce n'est pas que les richesses naturelles
manquent, ce n'est pas que les moyens d'apporter
un bien-être durable fassent défaut. Mais c'est que
chacun a cherché son propre profit sans crainte
d'opprimer les autres pour ce but égoïste.
Et ce triste et pitoyable monde en est le résultat.
La racine de cette civilisation est pourrie,
le monde souffre et, s'il continue dans cette voie,
il souffrira de plus en plus.

Mais qu'est-ce que
le Dharma ?
Ce n'est évidemment pas
porter un costume spécial,
construire des monastères
et s'adonner à des rites compli-
qués... Cela peut accompagner
la pratique du Dharma, mais n'est,
en aucune façon, le Dharma.
La vraie pratique du Dharma
est intérieure ; c'est un esprit
paisible, ouvert et généreux,
un esprit que l'on a su dompter,
qui est complètement contrôlé.

Lorsque nous mourrons, nous devrons tout laisser derrière nous, même les plus solides placements bancaires qui nous auront donné tant de soucis. Nous devrons aussi laisser nos parents, nos amis.

Si notre vie n'a pas été honnête, nous pourrons en ressentir un grand repentir, mais nous ne pourrons en tout cas pas profiter du fruit de notre malhonnêteté. Nous devrons laisser notre corps.

Mon corps aussi, celui de Tenzin Gyatso, je devrai le laisser, et ma robe de moine, que je n'ai jamais quittée, même pour une seule nuit ; donc nous laisserons tout, et si nos seules possessions ont été matérielles et égoïstes, nos derniers moments seront troublés par l'inquiétude et la tristesse.

Discipliner son esprit,
renoncer au superflu,
vivre en harmonie avec les autres
et avec soi-même nous assurera
le bonheur, même si notre vie
quotidienne est médiocre,
même si nous tombons
dans la misère, car nous aurons
été bons et bienveillants,
et les autres nous aideront.
Nous ne devons pas oublier que
dans l'être humain le plus perverti
et le plus cruel, tant qu'il est un
être humain, il existe une petite
graine d'amour et de compassion
qui fera de lui, un jour,
un bouddha.

Il n'y a jamais de temps à perdre,
les circonstances peuvent subitement
devenir défavorables. Quelle que soit
l'apparence extérieure que l'on
a ou l'idée que les autres ont de vous,
le plus important est d'être son propre
témoin. Soyez votre propre témoin
pour ne jamais avoir ni regret
ni remords, et faites de temps en temps
un bon examen intérieur ! Se contrôler
sans cesse est très important.
Si la vie attendait notre bon vouloir
il n'y aurait pas de problèmes,
mais la vie n'attend pas, le temps
passe, car «la vie des trois mondes
est impermanente comme les nuages
d'automne».

Il y a différents niveaux de conscience mentale, du plus grossier au plus subtil. En ce moment, notre conscience est en activité sur un certain plan. Durant l'état de rêve, elle sera sur un autre plan, plus subtil. Elle en atteindra un autre encore dans l'évanouissement et passera par d'autres paliers jusqu'au niveau le plus haut et le plus subtil, au moment de la mort. Là, nous arrivons à un tout autre état de conscience. À cet instant ultime, les consciences grossières disparaissent pendant que, extérieurement, l'arrêt de la respiration semble annoncer la mort. Mais en réalité la vie continue avec l'état de conscience le plus subtil. La réelle nature de l'esprit est cet état le plus subtil de la conscience, libre de toute illusion, car les illusions s'éveillent et agissent sur des plans grossiers de conscience qui ont disparu.

Ainsi ce plus subtil état de l'esprit est pur de toute imperfection, ce qui montre bien que les erreurs sont temporaires. L'ultime nature de l'esprit ne comporte aucune pollution.

LES MAÎTRES DISENT
QUE LORSQU'ON EST
EN COMPAGNIE,
ON DOIT VEILLER
À SA LANGUE, ET
LORSQU'ON EST SEUL,
À SON ESPRIT.

Un doute peut s'élever parfois : il nous semble que seuls certains amis ou parents nous entourent de gentillesse et donc que ce n'est que vis-à-vis d'eux que nous avons des devoirs d'aide et d'amour. Mais lorsque nous voyons tuer ou torturer un animal, nous éprouvons un sentiment spontané de compassion, bien que nous n'ayons jamais eu aucune relation avec lui auparavant. Ce sentiment est normal. Dès lors, bien que nous ne « connaissions » pas tous les êtres, les ignorer et être indifférent à leur égard n'est ni juste ni normal.

Un autre doute peut s'élever : nous comprenons les raisons pour lesquelles amis et indifférents doivent être les objets de notre compassion et de notre gentillesse, mais pourquoi devrions-nous avoir cette même attitude envers ceux qui nous nuisent ?

Nous devons penser que cet « adversaire » est peut-être, et même certainement, notre meilleur ami d'une manière très spéciale. Son agressivité est la plus grande gentillesse qu'il puisse nous témoigner et elle nous est favorable, car elle nous permet de développer Bodhichitta, Bodhichitta qui est la base et l'essence du Mahâyâna, Bodhichitta qui est entièrement basé sur l'amour et la compassion.

En dominant complètement l'irritation ou l'aversion que certaines attitudes peuvent provoquer en nous, nous acquerrons Bodhichitta.

Nâgârjuna dit :
« Nous vivons ici
pour développer notre esprit
en vue de servir les autres
et d'être utilisé par eux. »

Prendre la responsabilité des autres
donne un pouvoir du cœur radiant,
réchauffant, héroïque. Si nous
ne prenons pas nos responsabilités
à leur égard, nous devenons comme
des animaux.

Si personne ne tente
d'apporter la paix,
les conflits empirent,
mais un seul être paisible
et sans passion peut
beaucoup. Sans agitation
intérieure on peut
discuter fructueusement,
et de ce fait trouver
des solutions. C'est cette
agitation intérieure
qu'il faut calmer ;
elle provient toujours
d'une émotion relative
à l'attachement,
à l'aversion ou au désir.
Dompter son esprit
est une pratique
des bodhisattva.

Quand certains états mentaux
se produisent, notre esprit,
auparavant paisible, devient soudain
agité et malheureux. Nous nous
sentons mal à l'aise, le rythme
de notre respiration s'accélère
et nous pouvons même arriver
à être malade physiquement.
Cet état se manifeste graduellement
par des paroles désagréables, puis
par des actions troublant directe-
ment ou indirectement la paix des
autres. Des émotions de cet ordre
doivent être considérées comme
néfastes. Au contraire, tout ce qui
peut apporter un bonheur tempo-
raire ou permanent à nous-mêmes
et aux autres est considéré comme
« vertu ».

Dans notre vision, chaque être a la

nature de bouddha et chacun peut

atteindre l'état de bouddha.

Par notre nature profonde,

nous sommes égaux au Bouddha.

Rien ne dépend pour cela d'une

quelconque entité extérieure,

ni en bien, ni en mal.

Dans un monde submergé d'armes, de meurtres et d'injustices, quelle est la voie qui éloigne des émotions négatives et transmute la colère en luminosité de l'esprit ?

La personne qui pose cette question a-t-elle eu l'occasion de lire le chapitre consacré à la « Garde de la Vigilance » dans *La Marche vers l'Éveil* ? Shântideva y dit en substance que, la terre étant couverte d'épines qui vous blessent les pieds, on n'aurait jamais assez de cuir pour l'en garnir entièrement s'il le fallait, et qu'il vaut mieux, somme toute, se coller deux semelles de cuir aux pieds pour avoir l'impression que la terre entière en est couverte. Voici ce qu'il dit :
« Les êtres irritants, le ciel en est rempli
Et en venir à bout jamais ne se pourra.
L'homme qui a raison de sa propre colère
A forcément raison de tous ses ennemis. »

Prenons l'exemple d'une rivière. On ne peut pas, pendant qu'elle court, en voir le lit. Si l'on arrête le courant un bref instant, il n'y a plus d'eau qui dévale, et quand ce qui a déjà coulé a disparu, on voit le sol, le lit du cours d'eau. De la même façon, lorsqu'on a interrompu le flot ininterrompu des pensées, quand on a écarté le déferlement continu, tel le flot d'un torrent, on dirait qu'il y a un vide, mais

ce n'est pas le vide de la vacuité ; c'est plutôt le vide auquel on pense lorsqu'on dit, par exemple que « le temple est vide de moines ». Ainsi, c'est soudainement le vide lorsque le discours intérieur s'arrête. Lorsqu'on parvient à prolonger cet instant de vide, à un moment ou à un autre on fera l'expérience des qualités de connaissance et de clarté qui définissent la conscience.

La violence appelle la contre-violence, et la violence n'en finit plus. Je dis que notre siècle est celui de la violence et que, si nous nous y mettions tous, le siècle prochain pourrait être celui du dialogue.

Matthieu Ricard photographie l'Himâlaya, les maîtres spiri-tuels et le monde dans lequel ils évoluent, depuis trente-cinq ans. Son but est de partager la splendeur, la force et la pro-fondeur de cet univers. «Pour moi, dit-il, la photographie est un hymne à la beauté de la nature humaine et de la nature qui l'entoure. Mes images sont autant d'offrandes à tous ceux qui poseront leurs yeux sur elles.» Il est l'auteur de plusieurs albums de photographies, dont, en France, *L'Esprit du Tibet* (Seuil), *Moines Danseurs du Tibet* (Albin Michel) et, avec ses amis Danielle et Olivier Föllmi, *Himâlaya bouddhiste* (La Martinière).

Sources iconographiques :
Pour toutes les images : © Matthieu Ricard
•**p.1** : À l'ouest du Tibet, près du mont Kailash, les minéraux confèrent à la terre des couleurs étonnantes. •**p.5** : Sa Sainteté le quatorzième Dalaï-Lama, au pic des Vautours, à Rajgir, en Inde, près de Bodh-Gayâ, lieu où le Bouddha enseigna le sûtra de la Perfection transcendante de la Sagesse (*Prajna paramita*), il y a 2 500 ans. •**p.9** : Drapeaux à prières au col de Gongla, 5 050 mètres. En arrière-plan, la montagne enneigée du Shisha-Pangma, 8 300 mètres. •**p.11** : À la fin d'un rituel contempla-tif de huit jours et huit nuits sans interruption, les lamas font une offrande de lampes. •**p.12** : Un groupe de nonnes aux ermitages de Trakar, dans la région du Kham, Tibet oriental. En 2001, le gouvernement chinois a détruit 1 800 habitations et expulsé 3 000 nonnes du monastère voisin de Serthar. •**p.15** : Le Malaku (8 500 mètres), photographié lors d'un vol entre Kâtmândû et Lhassa. •**p.17** : Le Dalaï-Lama priant sous l'arbre de la Bodhi, à Bodh-Gayâ, en Inde. Là, le bouddha Sâkyamuni atteignit l'Éveil à l'âge de trente-cinq ans. C'est donc un lieu de pèlerinage pour les bouddhistes du monde entier. •**p.19** : Ces pierres sont recouvertes de prières et de mantras gravés à la main. Autrefois, au Tibet oriental, on trou-vait ainsi gravé l'intégralité du canon bouddhiste, l'équivalent de cent trois volumes, que les communistes chinois se sont attachés à disperser et à détruire. •**p.20-21** : Moine devant des drapeaux à prières, Golok, Tibet. •**p.23** : Petite fille nomade, près du mont Kaïlash, Tibet occidental. •**p.24** : Un moine âgé du monastère de Shechen, maître de danses sacrées.

• **p. 27** : Moines priant à l'ombre accueillante de l'énorme arbre de la Bodhi. • **p. 29** : Un jeune «Tulkou», reconnu comme l'incarnation d'un grand sage défunt, le jour de la cérémonie de son intronisation au monastère de Shechen, au Népal. • **p. 30-31** : Chevaux sous les nuages, à 4 800 mètres d'altitude à Bayang, en chemin vers le mont Kaïlash, Tibet occidental. • **p. 33** : Une assemblée de moines se regroupe autour du jeune abbé, Rabjam Rinpotché, revenu visiter le monastère de Shechen. • **p. 34** : Le lac Manasarovar. Au fond, on aperçoit le Gurla Mandatha, 7 600 mètres, Tibet occidental. Situé à 4 600 mètres d'altitude et d'une superficie de 320 km^2, ce lac est le plus haut plan d'eau douce du monde. • **p. 36** : Un vieil homme tourne son moulin à prières dans les grandes cuisines du monastère de Shechen. • **p. 39** : Enfant moine à Shechen. • **p. 40-41** : Deux cavaliers font le tour de la montagne sacrée de l'Amnye Machen, au nord-est du Tibet (cinq jours à cheval et dix jours à pied). • **p. 43** : Moine danseur • **p. 44-45** : Jeunes moines du Kham se regardant pour la première fois sur l'écran d'une caméra vidéo. • **p. 47** : Des moines de Shechen, les joues rosies par le vent glacé du Tibet oriental, forment un convoi de cavaliers pour accueillir Khyentsé Rinpotché, de retour après trente ans d'exil. Leurs chapeaux blancs, faits de coton et de bambou, sont portés en signe de bienvenue. • **p. 48** : Un moine assis paisiblement dans une prairie près de la chaîne de Dzygyal Gang, dans l'est du Tibet. • **p. 50** : Sa Sainteté le Dalaï-Lama, chef temporel et spirituel du Tibet, lors de l'initiation du Kalachakra, la Roue du Temps, qu'il conféra à Bodh-Gayâ en 1985, à trois cent mille personnes. Ce fut sans doute le plus important rassemblement de l'histoire sous l'arbre de la Bodhi.

Sources des textes :

La vie est à nous (Entretiens avec Fabien Ouaki) • *L'Enseignement du Dalaï-Lama* • *Passerelles. Entretiens avec des scientifiques sur la nature de l'esprit*, sous la direction de J. W. Hayward et F. J. Varela • *Pacifier l'esprit - Une méditation sur les Quatre Nobles Vérités du Bouddha* • *Tant que durera l'espace*
Tous ces ouvrages font partie de la collection «Spiritualités vivantes» aux éditions Albin Michel.